U0136613

女同志性愛聖經

作者／JUDE SCHELL
譯者／全通翻譯社
出版／城邦文化事業股份有限公司　尖端出版
　　　台北市民生東路二段141號10樓
　　　電話：(02)2500-7600　傳真：(02)2500-1971
　　　讀者服務信箱：joey@mail2.spp.com.tw
發行／英屬蓋曼群島商家庭傳媒股份有限公司
　　　城邦分公司　尖端出版行銷業務部
　　　台北市民生東路二段141號10樓
　　　電話：(02)2500-7600（代表號）　傳真：(02)2500-1979
　　　讀者服務信箱：sandy@spp.com.tw
　　　劃撥專線：(03)312-4212
　　　劃撥戶名：尖端出版股份有限公司
　　　劃撥帳號：05622663
　　　◎劃撥金額未滿500元，請加付掛號郵資50元◎
法律顧問／通律機構　台北市重慶南路二段59號11樓
總經銷／中彰投以北（含宜花東）勤力國際股份有限公司
　　　電話：(02)2910-6880【轉圖書部】
　　　傳真：(02)2910-6891~93
　　　雲嘉以南　威信圖書有限公司
　　　（嘉義公司）電話：(05)233-3852　傳真：(05)233-3863
　　　　　　　　　客服專線：0800-028-028
　　　（高雄公司）電話：(07)373-0079　傳真：(07)373-0087
馬新地區總經銷／城邦（馬新）出版集團
　　　Cite(M) Sdn.Bhd. (458372U)
　　　電話：603-9056-3833　傳真：603-9056-2833
　　　E-mail：citeckm@pd.jaring.my
香港地區總經銷／城邦（香港）出版集團
　　　Cite(H.K.) Publishing Group Limited
　　　電話：2508-6231　傳真：2578-9337
　　　E-mail：citehk@hknet.com
版次／2006年6月初版

Printed in Taiwan　ISBN 957-10-3285-9

警告
由於愛滋病及其他傳播疾病流行，如不進行安全性交，
將會危及你和你愛侶的生命。

Lesbian

The Guide to Lesbian Sex

女 同 志
性愛聖經

JUDE SCHELL 著

給艾美 Aimée,
這位在我生命與愛中的夥伴

contents

序. 11

慾望. 17

調情. 25

嗅覺. 33

撫摸. 35

浸潤. 43

輕咬. 53

淘氣. 61

手指. 71

唇. 79

溝通. 89

舔. 97

味覺. 107

愛撫. 115

自慰. 123

趣味. 125

變態性行為. 133

陰戶. 143

美臀. 151

潑濺. 159

乳房. 161

性交. 169

高潮. 179

附錄. 189

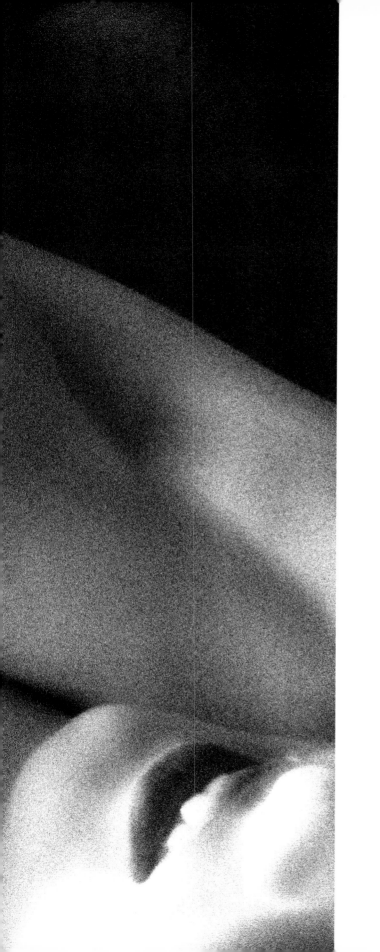

序

人類是天生的性愛動物，而性慾更是女性最受壓抑，同時亦缺少探索的部分。平衡係幸福與健康生活之關鍵，因此發展性慾對一個人而言甚為重要。當我們生活中的性慾、情感、精神及智力方面皆能得到關注，或達到和諧共處之境界，我們才方得能追求、實現理想的幸福生活。

只有在自信地抒發己身的性慾時，我們才能期待、尋求及體驗性愛的極致歡樂。而女性對性慾的反應更是多元、好奇且熱情十足。性慾會驅動我們去誘惑和被引誘，不斷變化且常令人稱奇。若能挑戰刺激的性慾方式，將可讓我們深入剖析性愛的種種可能與面貌。《女同志性愛聖經》一書便在鼓勵、探索性慾及相關之基本層面。

女性身體旨在給予與接受快樂。陰蒂是女人感受快樂之所在，此處僅為享受性愛，別無他用。透過對女性性感帶，如陰蒂、乳頭及唇之瞭解，可揭示、開發其性傾向。我們可透過調情、輕咬或淘氣的動作為性生活重新注入活力、發現味覺與觸覺的歡愉，營造美妙的性愛前戲。女同志透過熟練的手指和濕潤之性愛感覺探索，可增強其做愛技巧，如此方可使自身與伴侶皆到達滿足之性愛境界。

一本關於兩個女人做愛之書得以出版，係因可激發對性慾之幻想、顛覆，並告慰婦女解放運動者。書中我們將繼續補充說明論點之基礎，無論是何種性癖好、身份或經歷，皆能邁向寬容、平等之層級，得到所有人的包容與讚美。

無論妳是男同志、異性戀者、雙性戀者、變性者，男人或女人，單身或有伴侶，在此誠摯地邀請您閱讀《女同志性愛聖經》。來吧！還你本「色」，重新找回自我，在心理、生理、沉思與情色之中，對兩個女人之間一切可能之事進行探索。

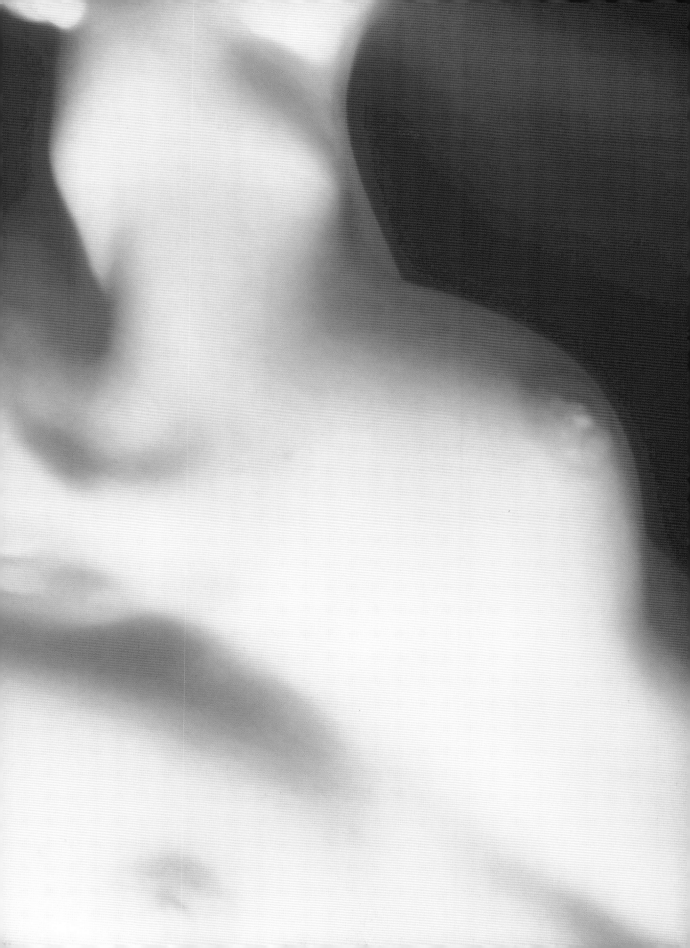

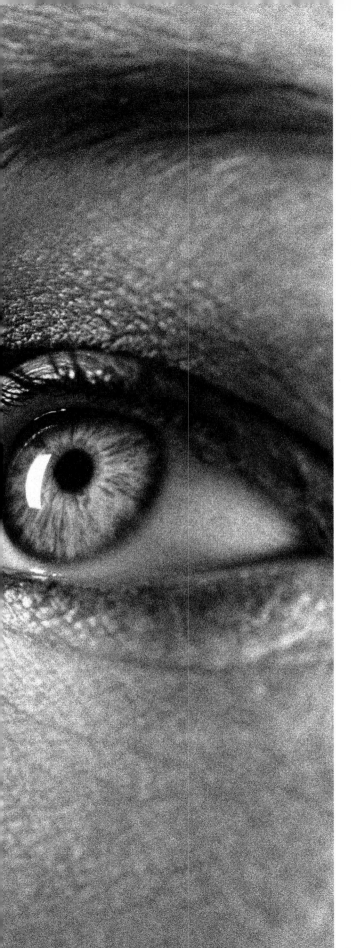

人皆有所期待。通常我們所期許之物較實際，
如渴望之目標──無論其為何物──皆朝滿足身
體之感官、智力或情感的需求。其他需求較不實
際，如精神啟蒙、世界和平或真正的愛。慾望之
所以最複雜、強烈，係根源於情愛之感情，且正
是此情愛方使我們為滿足感覺，展開對性與愛的
追求。

人類與生俱來的本能—性慾稱作
「élan vital」或「libido」。有些哲學
體系如坦陀羅和道教，相信完美的性
愛可促進精神轉化及協助悟道。曾講
授東方精神悟道修煉的卡爾‧榮格，
揭示廣義的libido概念，謂其包含一
切促使個人發育成長的直覺與創造能
量。佛洛伊德並不提倡性慾的益處，
反而強烈鼓勵社會監視與管制性慾
—「可恥、具破壞力的天性」。他相
信性慾源於遠古的性活力，受到非意
識之驅策，具有潛在之危險，且敗壞
道德。因此隨意表現出性慾並未獲廣
泛接受，一般皆將性慾視為直覺、天
性。

浪漫和渴望同時產生。世界上有無數多漂亮女人，要得到歡愉簡直易如反掌，很容易就有人一同分享情愛。但有時我們為何會在特定時間受另一個女人所吸引呢？慾望來自於吸引，而首先我們會受對方的外型、體味、聲音及動作等身體特徵所吸引。通常我們會對勻稱的體型及良好的姿態感興趣，儘管吸引力等同於或極大地依靠年輕之觀點佔據著大眾媒體，但此與年輕無關，而是關乎健康。味覺能引發人們的聯想，但一般而言，我們容易受他人的面容所吸引，尤其是柔順耀眼的髮絲及豔麗的臉龐等強烈視覺的身體特徵。而智慧、夢想、樂觀的態度及對生活的願景、幽默感及其他內在健康與力量的人格，亦能激發我們與特定女人相處之慾望。

幻想增強了慾火，通常來說，女人較易受時尚品味及與具有和自己相同社會認知的女人吸引，因而個人的基本價值觀、信仰及生活方式的選擇及自信心的推進係刺激慾火的關鍵。

一旦妳明白慾望並非來自一成不變的情感、身體與大量的心靈交流，為體驗與持續達到性滿足，我們必須維持自然活力及保持頭腦清醒，並認知多年以後，我們將過著享有無窮變化的性生活。無論妳是習慣擁有多位性伴侶，或是只有一位固定女伴的女人，經驗對我們來說同樣重要。隨著生長、品味和優先考慮之事項出現轉變時，我們覺得有吸引力的事物亦隨之出現改變。請試著理解並相信妳真正所需之物、方式與時機，這將能使妳改變目前的狀態，而倘若妳持否定態度，意即否定了對自身及伴侶的真正感受。

性慾需要經過刺激，才能演變成興奮。是什麼使她興奮？什麼使妳興奮？妳或可想像自己喜愛別人拍打屁股，所以她用髮梳拍打著妳裸露的屁股，並告知妳有多下流，但如此並不能使妳興奮，僅僅只會讓妳發笑。另一方面，妳不知道當她購物回家時妳會多興奮，將妳引導進入臥室，以新絲巾將妳捆綁在床頭板上。妳可以試著大膽一點、盡情地玩，愉快地接受改變。

性興奮時的身體特徵包括心跳加快、眼睛轉動、血管充血，另外諸如為人熟知的如肌膚泛紅。當我們真正亢奮時，我們的身體會期望增強性行為，且乳房會腫脹、乳頭勃起以央求更多刺激。而陰道將擴張且濕潤，陰唇、陰蒂及陰唇內側脹起。性興奮之特徵將使妳們行為輕佻、頭暈目眩，不停地談論新發現的樂趣，除此之外會失去聽取別人談論一切事物的能力，做白日夢，注意力無法集中，在大街上唱歌，不斷地幻想。

當我們初次會面時，她較喜愛被激烈地親吻、法式舌吻，相互在對方的乳房摸索。如此稍過片刻，她便想仰臥，伸開雙腿等待口交。在我舔著她時，她會請求我同時用手指插入她那脹起的陰戶，不一會她的高潮便來了。但經過一段時間後，與以前一樣令人滿足的程序隨即變成了老套。多年以後，我們發現兩人均喜愛她俯臥，讓我騎在上面，撫摸著她的背部，再以絲巾將她的雙手綁在頭部上方，輕輕地將我那「淫蕩」的意圖輸入她的耳內。她濕透了，在用假陰莖插入之前，我將她的一些愛液抹於我的中腹上。在插入時，我來到她的下體，撫摸著她的陰蒂直至她第一次高潮來臨。

調情是表達吸引與慾望之道。「調情」源自古法語「conter fleurette」，表示試圖透過落下的花瓣進行引誘。若妳身邊沒有花瓣，可以目光相望挑起她的興趣，以微笑誘惑她，讓她隨著妳的才智大笑，以眨眼使其興奮。

調情

調情係一種隨意且被廣泛接受的吸引方式，它讓我們確定對另一女人感興趣的層次與類型。調情並非總說「我要妳」，不過此確實傳遞了對彼此關係的慾望，且慾望常與性愛有關。無論我們的意圖是否為引誘，但我們並不和每個我們與其調情的人上床，雖然我們雖確實向喜愛或對我們有吸引力之人調情。

調情能使我們探索出慾望的層級。看到某人經過房間，妳瞬間受她吸引，因而注視著她，一開始時較謹慎，並試圖於視覺線索中持續解讀她的特徵。經過片刻的注視，妳或許發現自己的第一印象大錯特錯，因而停止好感，或促使進一步瞭解她的慾望增強，激發妳鼓起勇氣接近她。同樣，後續的相互作用或增強，或減弱我們的最初印象，但除非與對方實際接觸之後，否則無法確定我們有意追求之關係為何種類型。

調情是一種可以發展與磨練之技巧。可注意是什麼吸引妳與別人調情。是她的幽默感？她的頸部形狀使妳對她著迷？是她的博士學位？是她的美背？在妳挑逗地觸摸她的手臂時，妳那慾望的花火是否得以轉化為興奮？

撫摸對人的一生具有重大影響。撫摸能實現我們對愛與人類交流的基本需求，協助我們在性、社會與心理上成熟。實際上，撫摸與被撫摸對我們的身心理健康有益。試著將手置於女伴肩上，無論是突然的、溫柔的、重力的或長時間的觸摸，皆表示「相信我」、「嘿，安靜下來」，或「我喜歡妳」。一位適合妳的女伴的撫摸將令妳沉浸於陶醉中。

撫摸

大多數性愛的探索伴隨愛撫而發生。
發現女伴艷麗的身姿，其體形、由上
至下柔軟、光滑、結實及絲一般的質
感。每個女人敏感之處依身體的不同
部位在不同時間或多或少不同。高度
敏感區包括唇、舌尖、臉、頸、耳
垂，雙腳、指尖、臂下及柔軟的膝後
背。

愛撫是一種親密的行為，需要高度的
信任。事實上，直至遊戲開始時，我
們或許不知道我們自己所要何物，或
某些身體接觸可讓我們感覺有多敏
感。一個女人或許在一個晚上喜歡被
輕輕地撫摸，而隔夜則喜歡猛烈的性
愛。儘管始終鼓勵相互坦率的交流，
不要期待女人描述或表明其偏好及情
緒。記得要善於接納，理解她的身體
語言，以確保妳的愛撫能引發妳期待
中的反應。

按摩能使我們放鬆並有助於打開心
房，建議可於性愛之前、期間或之後
練習。使用按摩身體的方式探索刺激
伴侶的肌膚發熱，此時可使她較容易
接受妳的愛撫。亦可將手掌置於女人
身上以傳遞較深且較強的慾望。建立
慾望或增強力量可使親密關係晉級。
並相互尊重彼此的界線及獨特的個人
慾望，以分享不同的親密層次。

當雙方對伴侶的愛撫開始感到舒適時，之間所瀰漫的感覺可提昇性愛經驗。而喪失感覺則將挑戰妳的身體與思維的正常反應。不妨讓女伴戴上眼罩，當她不知下一感覺何時何地會來時稍做停頓，接著突然給她以溫暖或冰涼的觸摸。冷熱的感覺可令人驚訝且感到無比爽快。接著或以冰塊沿其乳頭，繼續遊走於其顫抖的身體，直至冰塊融化。

在性生活中請記得保持幽默感及妳的性愛特色。搔癢會引起笑聲，釋放美妙的大腦化學物質如腦內啡、多巴胺及腎上腺素。但過度的搔癢是一種折磨而非樂趣，故記住輕輕搔癢，或許以一隻羽毛，便可讓對方得到最愉快的感受。

對於一些性愛惡作劇，緩慢而集中的探索有助於新的或試驗中的伴侶克服抑制。緩慢亦可增加對方的期望。切忌不要著急。延長前戲直至她亢奮得無法忍受並央求妳放開她，把她帶到高潮以釋放其累積的性慾。

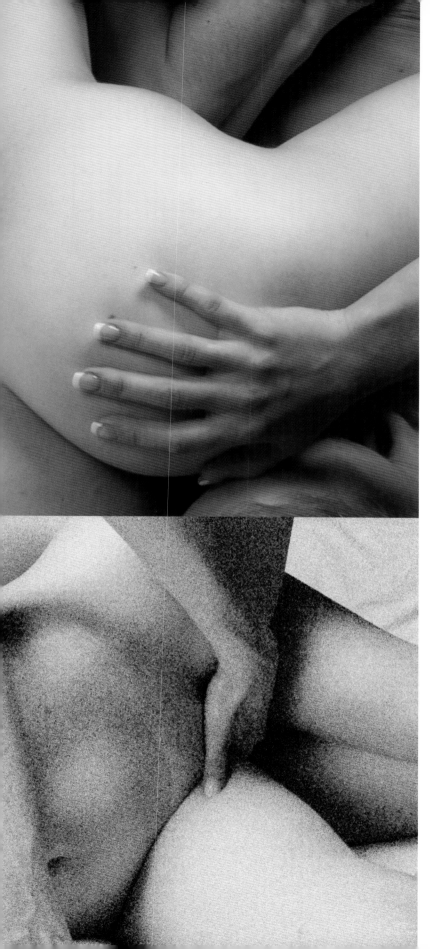

同樣地因興奮可分為快速、摸索且較大膽的性愛前戲,因此倘若妳等不及愛撫她的全身,即毋須等待,可依妳的當時心情而定。

女女緊抱是一種遊戲式的摔跤,是一種使用微小力量的遊戲,它能點燃活力並提高慾望。當妳跨上另一女人,妳將發現妳的許多身體部位接觸到對方的各個部位。試著用妳的雙腿夾住妳的女伴,並以妳的陰戶磨蹭她的肌膚。如此對兩個女人皆感到十足的刺激,並在使用陰戶壓她之前,展開妳的雙腿露出陰戶時,讓信任與激情皆得到適當的傳遞。

當兩個女人的身體融在一起輕輕擠壓時,陰唇必定因脹起而濕潤。在激情開始展開,愛撫、牽引著乳頭,接著將它們壓在一起,乳房對著乳房。保持貼身接觸,摸索著她的陰戶,並撫摸陰戶。可用手包住陰戶,以手指揉,輕觸及撫摸。不要讓思維受到束縛,因一旦雙方建立信任,女人之間如何觸摸,何時觸摸的可能性皆可自由發展。

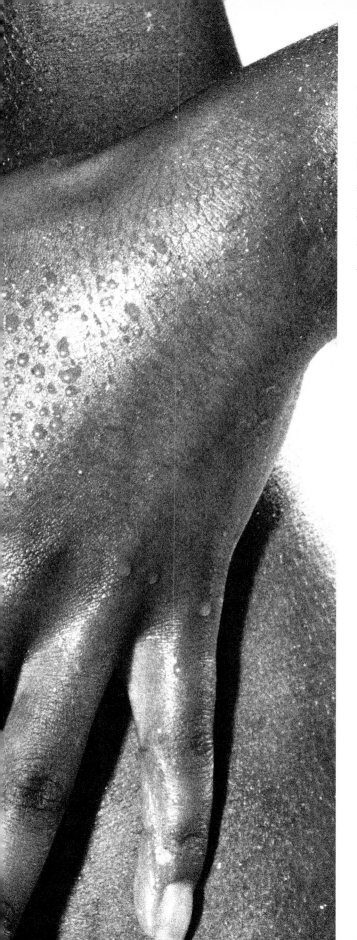

浸潤令人感受舒坦，或許是由於子宮內渡過的成長的關係，鼓勵我們一生以各種方式尋求滋潤，而水當然是生命的基礎。我們食入及排出各種濕物──水、唾液、眼淚、汗水，當然還有陰道在期望性行為時陰道壁變濕所分泌的性愛粘液。因此濕亦即是性感的表徵。

浸
潤

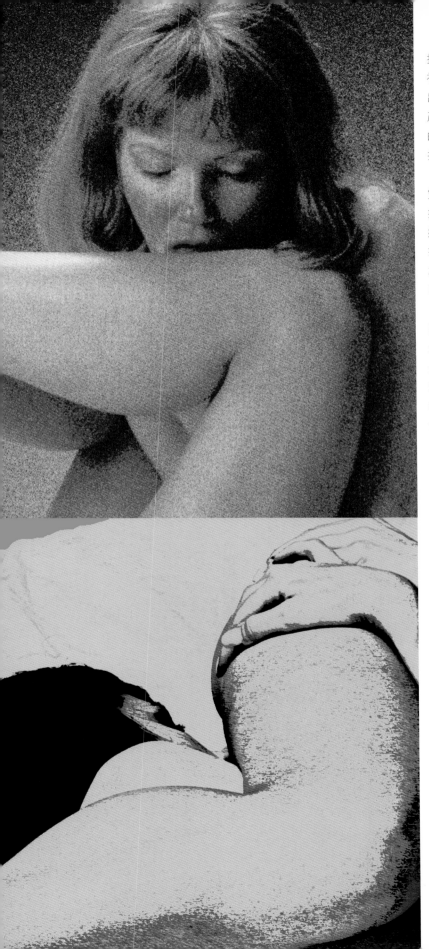

接吻通常係一人對另一人產生濕潤的初次感受。兩唇相遇、舌頭相接，或出現愛的花火，或以失敗告終。假設產生愛的花火，妳的溫濕的嘴離開她的嘴，接著繼續親吻至她的頸背，揉捏她的乳房，舔咬她的乳頭。

雙重的濕潤感覺尤其令人亢奮。手指插入她的陰道同時給她一個濕吻。若她仍未足夠濕潤讓妳深入，可先將手指放在嘴裡濕潤，讓妳的口裡含著溫水。稍過片刻，再將水吞下，接著將口放在她的陰戶上。

要得到舒適且愉快的陰道插入，必須先讓此部位濕潤。附言：女人的天然分泌物亦是最佳、最安全的陰道清潔劑。而受心情、荷爾蒙及一些藥物影響而自然釋放之潤滑數量，並不致於影響性滿足。許多水性及其他類型潤滑劑在當地藥店即可購得，或可於線上購買。有問題時記得提出、深入研究，並考量妳所需之潤滑油是否可吸引與低應變，或僅作為各人性玩具及預定性行為的合適選擇。

準備兩個女人身體進行一輪濕潤性愛的美妙序曲是將按摩結合到性愛前戲。濕滑的身體有利於做愛。可選擇優質的按摩油，並撫擦她的肩、下背部及臀部。在她微微發亮時爬到她的上面，將妳的身體壓在她的身上，並開始滑動。

得到並維持身體濕潤的一個方法是可將地點設定於游泳池內、淋浴或一起泡在浴盆內做愛。有韻律跳動的噴頭或蓮蓬頭係採類似於仿手振動器。其他諸如個人溫泉區之濕潤、私密的場地亦是瞭解與探索自身的理想場所，可進一步測試對愛撫的身體反應，並嘗試進入身體的不同部位。

有時需要較多潤滑時，女人也可能在高潮來臨時過度潮濕。舒適且真正令人滿足的性愛需要表面感覺及些許的摩擦。當一方過於濕潤時，用手掃過滴液脹起的陰道，並將那溫暖、絲質的乳液擦到最近的大腿上。

哇！妳真濕潤。把手給我，摸摸此處，妳讓我有多濕潤。

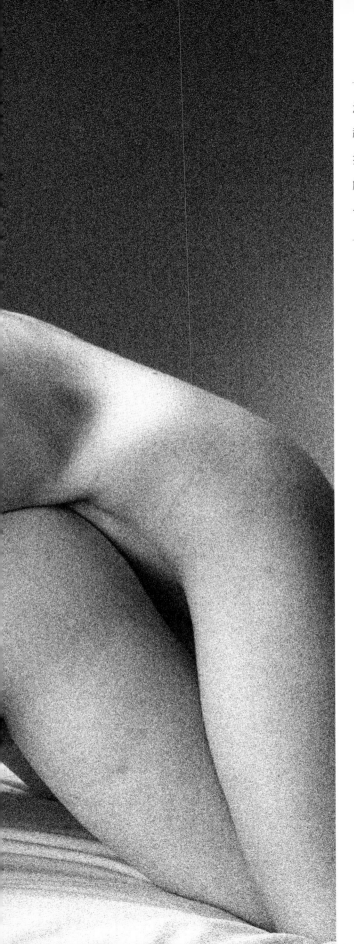

溫柔、間歇的輕咬可大大增強做愛的激素。刺激
神經末梢能引起興奮並提高對即將到來之感覺的
接受能力。輕咬的最初動作不僅是妳表達對她瞭
解之慾望的極佳方式，亦是在身體上探索女伴每
一熟悉曲線與私密處的美妙方式。

輕
咬

女性身體是輕咬的樂園。長久以來我
們為吸血鬼的神秘誘惑所吸引，大部
份是因為頸部是一塊如此性感的皮
膚。自後面擁抱她並輕咬她的肩、上
背及頸背。此將寒意傳遍她的全身，
而她的乳頭會變硬。輕咬提高對雙方
的期待，因它引起的刺激增加興奮感
與性饑渴。此為導致激烈而歡樂的一
輪做愛。

就像陰蒂與陰道及肛門部位，受到刺
激之乳頭充滿著血液、脹大勃起，
撫摸它，乳頭周圍特別引起額外的
注意。在她即將高潮時，輕捏她的乳
頭。此動作需精確的時機，而最終的
高潮將導向十足的甜蜜。

輕咬帶來的影響是產生危險的激情與
精力。信任一個足夠親密到可以輕
咬、愛撫、親吻及舔妳全身的每一
角落的伴侶是非常需要勇氣的。表明
信任妳、相信妳的伴侶值得妳依賴，
她有誠實，而妳有信心當她稱職的女
伴。

每個女人對刺激的偏好程度差異甚大，是故需善於察言觀色。此外需留意輕咬不等於咬——咬具有危險性，切勿咬傷對方的肌膚。注意輕咬時需平衡其他動作。長時間集中的刺激實際上或可導致無趣，或讓女伴失去感覺。

頸部與耳垂是激情過程中的探索點，而較為大膽可輕咬其腳趾與大腿內側。輕咬她的手掌，吸吮她的手指，告訴她妳多想將它們含在口裡。

一個好的伴侶既可保持集中同時又可做多項動作。用手指或玩具刺激她的下體同時，擠壓或輕咬她的乳頭。輕咬她的蜜臀的同時，讓其翻身以妳的陰戶在其小腿及腳後跟上摩擦。

在口交期間，在她隨著慾望而更加濕潤與脹大之時，嘗試以舌快速輕咬其陰蒂。而以牙輕咬其陰唇亦是一種渴望的表達，象徵妳是多麼喜歡她，無法抗拒輕咬她的東西。切忌勿因女伴的高潮而停止動作，在高潮過後繼續探索她的大腿內側及臀部，甚至回至陰蒂，持續直至她將妳推開！

性反應是一項多重心理、情緒及智慧的綜合反應。對淘氣行為的心理反應類似於我們自然的「戰」或「逃」反應，此時腎上腺分泌出腎上腺素，心理感受到極度的亢奮。

長久以來，淘氣的含義，特別是性方面的理解，已演化成一種較為輕鬆、頑皮、略微背離傳統且常表示建議性的行為。或許此為反叛者長期訴求的結果。

不是代表過失、不服從、大聲言語、衣冠不整。淘氣很有樂趣。寫封信，打電話給妳的女伴，保守一個秘密，接著將它告訴妳的伴侶，並對自己的惡作劇哈哈大笑。對於伴侶雙方，可選擇一條不熟悉的「路」進行，而淘氣的行為最後得到性回報則令人愉快。

何種不當的性愛僅需想像即讓妳心跳不已？那就去做吧。坐在自己最喜愛的椅子上，大聲讀出一段色情文學，同時自慰。讓她聽著，讓她看著。將音樂聲音調大，在鏡子前面裸舞，妳這無恥的小賤人。妳想要的無法說出來？比一般的枕邊私語更激進？那就竊竊私語吧。

在大白天給自己一個高潮，或許在會面之間。妳的女伴是否遇到什麼困難？將昨夜的短褲塞入她的公事包。在她返家時，在廚房內迎接她，並以一個裙襬舞作為開胃菜引誘她。

綁上一個袖珍振動器或「包裝」一個假陰莖到健身房鍛練，或進行一次特別宜人的雜貨店購物。由於陰蒂多位於內側，許多人錯誤地認為它很小，因此女人多數沒有意識到它。但我們認知到事情並非如此，戴上此種有趣而性感的「陰蒂延伸」帶來的力量有效加快妳的步伐。享受「意識陰蒂的一天」。

不要將妳的貼身內衣藏到約會或特別場合。穿吊襪帶或絲質內褲將使妳性感一整天，並大大增加自信。

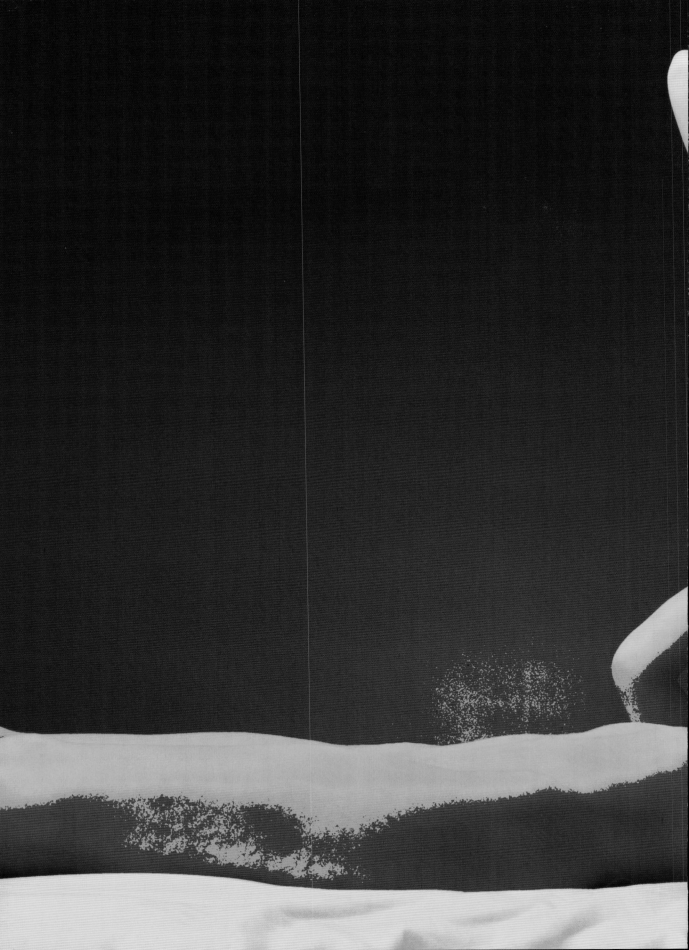

不妨一起觀看色情電影。市面上有許多火辣的電影，有些製片成本極高，且越來越多的電影由女性專為女性製作。盯住畫面模仿新的姿勢或情節，或在播放影片的同時進行性愛。以色情電影螢幕作背景的做愛就像參加無需與討厭的客人打交道的性派對。

在公共場所讓自己性感一點吧。購買一些春季套裝？在更衣室內閒逛？需要工作到很晚嗎？當妳的女伴來接妳時，妳是否會在完成文書工作或給老闆寫當日工作報告的同時，靈巧地撩起妳的裙子並把她推到桌下讓她用自己的方式對待妳？何不與女伴在客房的床上來一段前戲。柔軟的絨鼠毛皮靠著妳裸露的臀部是一種另類的享受。

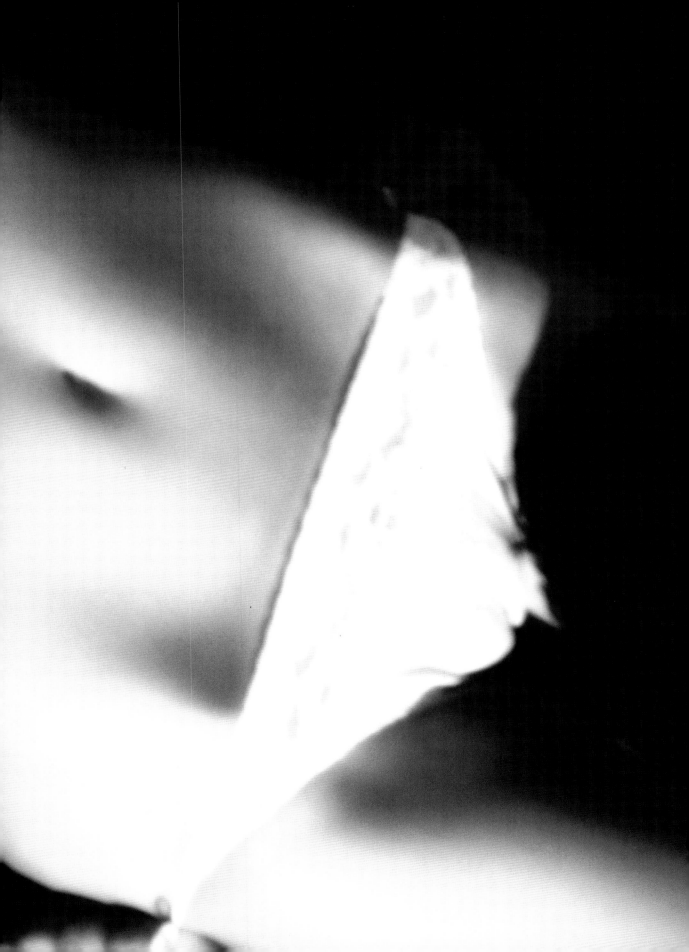

當一個女人進入另一個女人的體內，一般是先使用她的手指進入並感覺女伴的溫濕。而獲得同意後，從此以完全親密的角度去感覺她的身體真是一件神奇的賜與。

手指

儘管現在的女同志可輕易取得許多奇
妙的性玩具，但自然、強韌的手指仍
然是許多人最喜愛的工具。手指可到
處移動，在她身體的每個部位遊移，
牽引著衣服、擰著她的乳頭，壓、
逗、拉、磨及摸她的全身。

女同志全面性地研究如何靈活地使用
手指。雙手可表現一個人的全部。想
像它們可在妳身體遊走之私密且放縱
的部位。手不經意地觸摸代表親近，
並可將妳的想法傳遞給妳喜歡的人。

最初時先緩慢插入，先以一指，接著
用兩指，再將手指放至妳的口中以
品嚐女伴的味道，或在她的陰道緊
且不夠濕潤時，重新插入之前使手指
濕潤，再滑回到陰道裡面。用三隻手
指，接著再用四隻，此成就亦被稱作
「整體歸一」。用妳的另一手愛撫自
己，感覺妳的陰戶對提高的興奮感將
做如何反應。妳的手指在她的陰道裡
滑進滑出時，同時妳可用另一隻手或
妳的口刺激陰蒂。我們的指尖充滿著
神經感受功能，故當我們觸摸、摩
擦、探索或被吻、輕咬或舔時，性感
覺必定是相互的。

用手指愛撫她的陰戶，同時一個或兩
人站立著，面對面或壓在對方的背
後。接著抬起一條腿，或許放在女伴
的肩上較易於靠近，讓她的手與妳的
陰戶處於舒適的角度，使手指可用力
插入插深。

讓兩人的雙手得到盡情的享受。在妳
躺在床上時用手為她按摩，用每一手
撫摸，揉捏她的手掌。不妨約會一起
修指甲，在美容院時進行小小的調
情，讓她知道妳在想像與期待她可愛
的手指在妳的身上及體內。

當插入女伴時，妳可感覺她在興奮，因她的肌肉收縮並在妳的手指周圍收緊。當她高潮時，妳可感覺她的顫抖。對陰道肌肉進行練習與控制的女人能在做愛時及高潮釋放後，自覺地收縮並夾緊妳的手指，為「被包著手指」帶來全新的含義。

她的雙手熟練、優美且熱烈。我喜歡當她開始以輕輕的羽毛撫摸我的臀部及大腿內側的時候，接著插入並以手指輕輕在我的陰戶內擺動，同時用另一隻手將我拉向前靠近她。

據論證，唇是身體軟組織中最性感的部位。它們極為靈敏且富於表情。沒有雙唇，我們將很難展露笑容、說話、生氣或噘嘴親吻。

消費者在雙唇的裝飾與美化花費頗高。許多女人積極圓唇，一些則加入外物，另外亦有使用可在各種程度刺激雙唇，增加血液流通並造成雙唇脹大變紅的刺激性成份，如肉桂、薄荷、咖啡因或煙酸。此美容潮流或與我們對豐唇像興奮的陰道之強烈潛意識有關。陰唇常被喻作花瓣，成為地球上最具自然美、最精緻的禮物。

很少人的雙唇是完美，此正如乳房一大一小，下唇常較上唇寬厚，而陰唇一邊常較另一邊長或性感。女人興奮時，陰唇脹腫起會改變顏色。

濕潤意謂著性健康，故遵循唇的珍珠美白，閃亮的光澤將有助於漫步在濕潤世界的想像。試著舔妳的雙唇，觀察妳喜歡的女人舔著雙唇是異常性感。想像她的雙唇接到妳的雙唇，想像柔軟濕潤的雙唇探索著妳的身體。

女人常選擇用艷麗的顏色美化雙唇，以迎合特別的環境或事務、心情或意圖。更進一步是採用色筆將雙唇顏色加重。紅唇表示力量，柔和的玫瑰色表示浪漫，而天然香油表示自信、樸實的女人，儘管如此卻無法取代雙唇柔軟性感的本質。

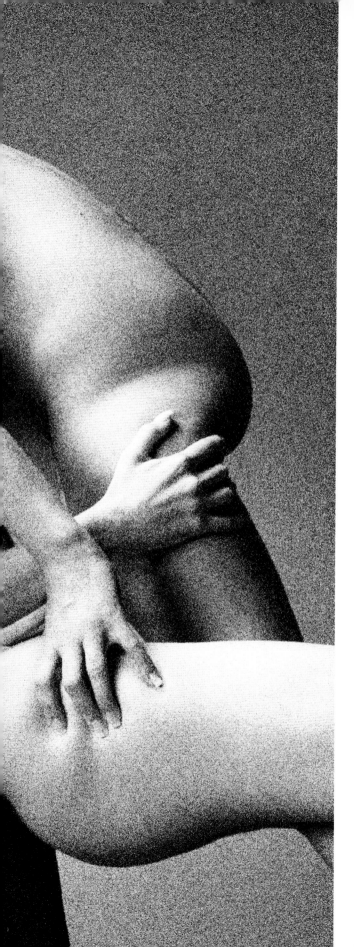

有效的溝通是發展與維持與他人聯繫的基礎。我們與情侶分享最私密的思想、觀點及慾望，因我們喜歡表達自我並尋求印證與鞏固我們一生的選擇。

溝通

隨著關係加深，界線會隨著時間而改變。有一種女人或許對性觀念變得更加開放，無論它是否涉及次數、親密程度、變化性愛花樣，或試驗。另一種女人則較傾向在年輕時嘗試而現在則較為抑制。相互溝通在伴侶關係的任何階段會改變彼此的界線與慾望。對於要保持愛情的情侶，坦率、隱私及尊嚴是必不可少的。

因親密度會提高我們的脆弱性。分享對於一些女人則較難，特別是在這個仍持有看法，且對性身份缺乏完全接受的世界。試著考量什麼是妳的隱私，且考量與伴侶分享的價值。有時，我們的理智與心情常背道而馳，兩者亦可透過與他人分享我們最深層的慾望，為我們指出一條通往充實之道。

沒有「聽」，「說」幾乎沒有意義。交流是一種共同的努力。當我們開始認識他人時，進一步界定對方的個性，最簡單莫過於注意相似點如喜歡同一笑話或偏好某一類電影或書籍，不過同樣重要的是接受與鼓勵拉近雙方的差異。此些差異為我們繼續發展帶來挑戰與機遇。

即使兩個女人彼此瞭解已有一段時間，仍需說明彼此的慾望。妳不可強求她的舌頭用力壓在妳的陰蒂上。無論如何，妳應告訴她說，「再用力」，並輕而迫切地將她的頭壓到妳的身上。

在與她做愛時，告訴她妳喜歡她對妳做的一切。若她偏左過遠，告訴她。引導她的手。呻吟、歎息及大聲喊叫。告訴她妳想坐在她的臉上。說她有一個漂亮的身體，妳喜歡她的身體對著妳。笑出來。告訴她秘密。說她很漂亮。注視著她的眼睛，眨眼、微笑。每天告訴她妳愛她。

滿足的性關係圍繞，可發現兩人的需求並傳遞此些種類的慾望。不要害羞。邀她進來。

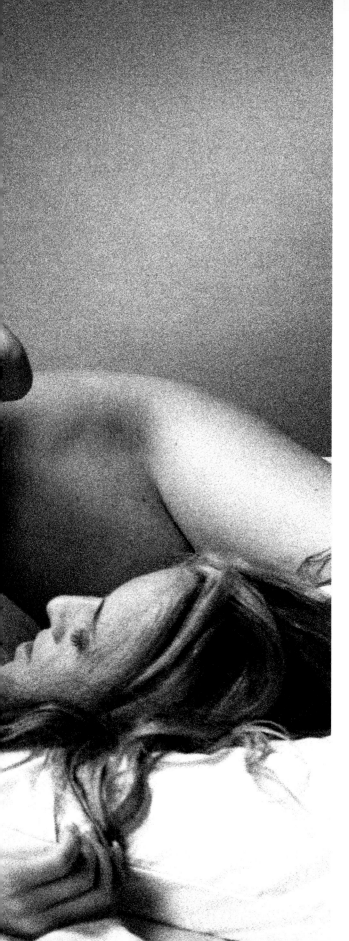

舔是讓我們的舌頭經過一個表面的動作。舌頭是一大束覆蓋著成千上萬能夠引起性慾及增加性快感之高度敏感的味蕾及舌突的肌肉纖維。它具有多用途，柔軟濕潤，是性愛的理想構造。在其他動作中累積的舔的經驗，將舔與自己的衛生過程結合起來，及以舔示愛之同時，人類傾向於將舔作為吃的一部份或作為性愛活動。

舔

可以舔的東西很多──霜淇淋、熟透的水果，及女性身體的每一私處與裂縫。可以舔手指使其較為濕滑，有如翻書之時，或於挑逗時使其較為濕潤。

各人舔的方式各不相同。有些女人極其自然而熱情，而有的則偏好細緻輕柔的舔。假設一個女人有遺傳傾向，她會於舌頭探入女伴陰戶前將舌頭卷成圓錐形。舔可超高敏感的舌尖掠過，或深深探入。

追求與取悅陰戶無需以勢不可擋或複雜的方法。讓我們停止深情表白的舔陰性行為，換成實用的方法與技巧，絕對可快速地提高妳的伸腿技巧。

若她仍穿著內褲，透過其衣物吹氣使其亢奮，此為前戲激情中脫下短褲之前的興奮感覺。接著緩慢而寬廣地在她的外陰唇、會陰及陰蒂罩上盡情地舔。慢慢地尋找她可愛陰戶的肌肉與恥骨。

找到她的內陰唇，探索她的花瓣，接著向上移至陰蒂頭或陰蒂罩下，挑逗她硬起的陰蒂。讓妳的舌頭探入她那溫濕的陰道口。重複動作，開始以間歇舔及探入的節奏。將她整個陰戶含在妳的口裡。輕咬品嚐她、向她表白妳有多愛吃她的陰戶。

當妳感覺她的陰蒂硬起、陰戶脹起及陰道濕潤並張開歡迎妳時，開始更集中的刺激。徵求並衡量她的反應且相對地調整姿勢，移動的方向及力度。現在可以問她「妳喜歡這樣嗎？」。

記住要為她帶來高潮，將妳的注意力回至脹起的陰蒂尖上，同時將手指配合嘴一前一後持續地動作。手指可在陰蒂上協助舌頭動作，在陰道內滑進滑出或伸至上面撫摸乳房及牽引乳頭，形式可以很多變，但若節奏與力度產生效果，可繼續此節奏。重複、忍受、專注及耐心是構成體驗口交引起之最美妙高潮的整體部份。

當我感覺她的舌頭遊移在我的臀部曲線，探索我的大腿內側時，我的心跳不禁加快。她讓我翻身仰臥，並快速潛入我那蜜點。我緊張起來，觸到她的頭頂，讓她慢下來，以使我能感覺她的舌頭在我的體內。

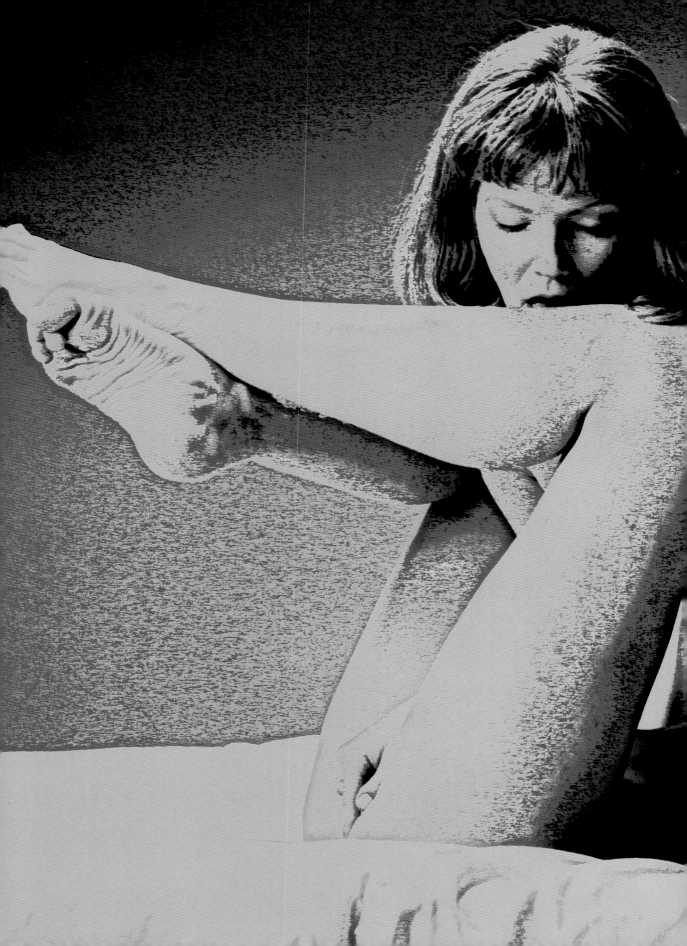

味覺是對進入我們嘴裡的一切事物的味道、感覺與品質進行辨別。若對品嚐的事物反應良好，它事實上將會引起我們的饑餓感並增加我們的食慾。有味覺亦表示一個人懂事的水平，亦可指個人的偏好，如喜歡將鮮無花果與山羊乳酪一起吃，或做愛時開燈。

味覺

味覺感受器細胞將訊息傳至一切性愛活動的中心——我們的大腦。大腦對此些感官刺激進行解譯並將訊息傳達到身體的其他部位。由於嘴含有成千上萬個能對每個親吻與舔做出反應的味蕾,我們的大腦應自妳對情侶的嗅覺及她對妳的嗅覺中得到真正的補給。

味覺實質是味覺與嗅覺複雜的組合,試想若妳無任何嗅覺,則妳將無法辨別它的味道。因此,她自然的或增加的香味將在妳所有親吻、舔及嗅的過程中產生作用。在相互口交時試圖結合香味。僅需點上香燭或在耳後、陰道用大腿上抹上新型香水,雙方即可得到全新的快樂體驗。

味覺可以增強,或是抑制感覺。舔將會提高體液的流動。唾液在味覺冒險中產生巨大作用。任何口中進入物僅在有潮濕的唾液時,我們方可品嚐出它的味道。唾液亦傳遞舌頭周圍的味道,使妳的味覺能真正感興趣地辨別味道。

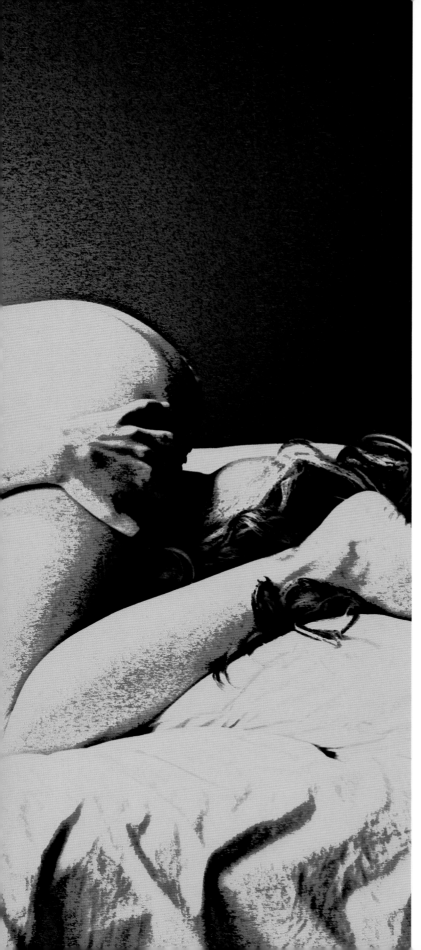

同一女人不同時間會有不同味覺。在性愛前戲時，舔遍及品嚐她的全身——手指內側及周圍、頸部、眼瞼、耳垂、陰道及陰蒂，手臂下及肘內，每天體驗各種味道。相互品嚐是做愛另一主要部份，但若妳像另一個女子一樣喜歡口交，可先採用喜愛的潤滑油。清潔與健康的食物將有助於保持可口的陰戶，在運氣到來之前避免吃大蒜、蘆筍、酒及辛辣食物。

若妳在她高潮之後到她的下體時，妳或注意她現在的味道有所不同，或許有些鹹味。我們可品嚐酸甜苦鹹，及較不平常的香味（umami），它是一種含有某種蛋白及氨基酸較為美味的感覺。我們的味覺能保護我們，因變質的食物味道通常較酸而有毒的則較苦。無論是壞女人的酸味或毒女人的苦味，最能引起人們的探索！

以前的壯陽物如蚵及巧克力或許無法直接影響性慾，但將它餵給情侶吃的簡單動作足於提高情緒。且一旦我們將一個女人含在嘴裡，辨別並沈醉在她的氣味中，則我們可真正地宣稱品嚐過「停靠港」（ports of call）必定會提供之世界最佳美食的獨特感覺體驗。

壓力與摩擦產生熱量，而產生性愛熱情的最好方式之一即是撫摸對方的性器。女同志（Tribade）一詞是早期用於描述一個女人撫摸另一女人以刺激其自己，主要是她的陰蒂與陰唇。莎孚（古希臘的女詩人）描述女人撫摸她們的陰蒂，一種後續為性愛前戲的消遣，且常引起高潮。

愛撫

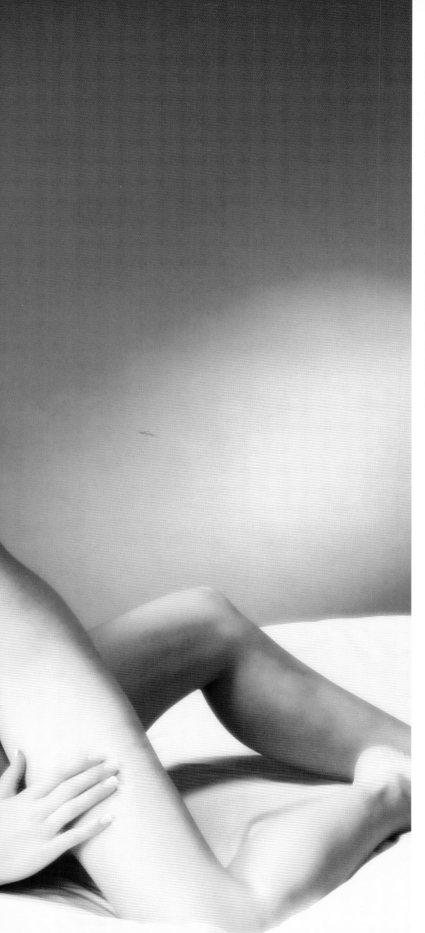

在為她口交時撫摸她的大腿或腳。按摩她的背部時磨她的愛臀。讓她輕彈妳的背部，感覺她的濕潤慢慢地在妳移上的大腿，直至她的乳頭碰到妳的陰蒂。作為性後戲，撫摸是鬆懈前可盡情享受額外高潮的極佳方式。

一種真正親密的做愛方式用妳的陰蒂撫摸對方的陰蒂。此法可自許多角度完成。其中一種陰蒂對陰蒂、陰戶融入陰戶完全摩擦的姿勢，是讓兩個女人支撐在雙手及雙肘上，一方側身扭起，上腿壓住另一方的腿。兩人伸展滑移，直至陰戶接觸並開始撫摸，通常撫摸動作為圓周動作。此為兩人嘗試同時高潮的極佳方法。隨著臀部和諧的擺動，在妳接近高潮時告訴她，使她放慢及控制興奮，讓她與妳一起高潮。

自慰

熟能生巧，要真正評價我們對快感的體驗，我們必須立即感覺自己身體對各種刺激的反應方式。依對自己性特徵較深入的理解，我們可學會控制身體及做愛體驗，使我們的整體性樂趣加深。當女人真正用雙手開始自慰，或被戲稱作「女性自慰」（Jilling off）時，她的自我意識歷程即將開始。

女人對自己的直覺頗為自豪，但沒人可憑直覺知道妳的每個慾望，故先學會欣賞自己，再引導情侶並與之分享。女人在自己的身體、性與情緒的成熟、性慾、及慾望的目標與追求經過多年演化時，仍保持與自己身體的聯繫。

自慰是一種正常、自然、健康且有趣的行為，但恥辱與尷尬的文化對自慰造成了巨大障礙。然而探索自己的身體及刺激自己的性器是件非常自然的事，享受自己的身體，並努力使自己成為自豪與性感之人，一個能認識與盡情享受觸摸與自我取樂的人。若妳仍在猶豫是否享受自慰的樂趣，把握自己，反正妳的手掌不會因此而長毛，妳亦不會失去集中精神或生死的能力。除了教會我們性反應及其產生的快感，自慰有助於放鬆及緩解壓力。

無人亦無確定的方法自娛。女人的身體皆有略微差異，且我們的情緒如潮水般起伏，故凡對一切性體驗需靈活，且願於嘗試不同技巧、背景及輔具。任何時候無論什麼引起妳的興趣，皆可幻想或自娛。私密帶來便利，自慰最大的便利即是興奮與極強高潮的釋放。

找一個不受干擾或適當的場所，讓妳能專注於自己的身體。熟悉自己顯著性感熱點的形狀與結構，如乳房、乳頭、陰蒂、陰戶、陰唇及陰道。以不同角度照鏡查看自己。探索不甚明顯的熱點如頸線、身體兩側、臀部及手臂內側。觀察時，可抹上清潔液、油、潤滑劑或自己的唾液，以增強性刺激。可使用玩具，如最典型的振動器，是最佳的自慰輔具。它們提供多數女人高潮所需之穩定的刺激，具有各種形狀、結構、速度、及便於路上或居家使用的尺寸。

但自慰並非總是單一的旋轉，亦無需限於陰暗的臥室內。相互手淫是女人刺激自己同時刺激對方，或其他任何此類的結合。它是一種局部表演，後部待續。若妳一直期待觀看女伴自慰，則告訴她。窺視的同時自慰。此種理想的場合讓妳瞭解她的喜好及喜歡如何做。或於她自慰時加入，在那一般的自慰儀式上加入手指或妳的舌頭。

自慰算性愛嗎？把它放到床上說，自慰當然是性愛。

漫長的一天之後，我想回家，泡上熱澡，用我的手自慰。經驗證明好的噴水裝置是我最愛的壓力放鬆工具。接著我神清氣爽，準備上床。

人類是好奇的動物，具有對體驗奇異事物的自然熱愛。對於性，奮力體驗新花樣令人恐懼。第一步是對拋棄我們恐懼的意願，擺脫性愛舒適帶，嘗試大膽與赤裸。將它倒轉過來。積極追求塵封於性愛想像的快樂希望。

趣
味

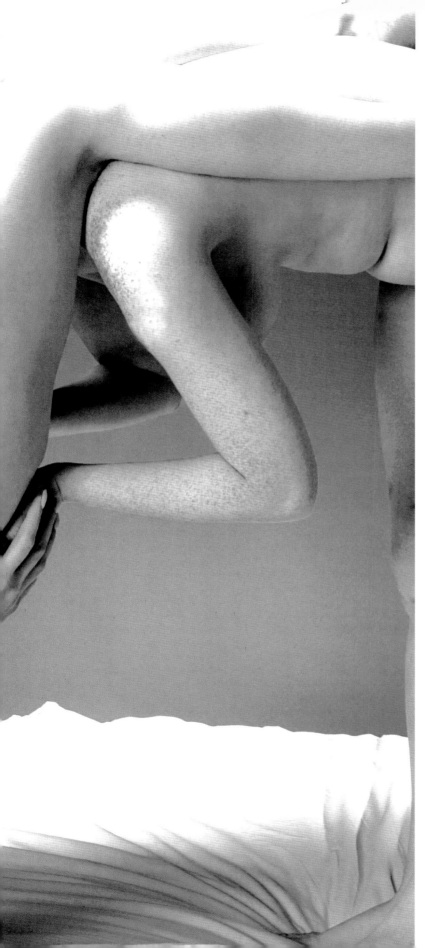

是什麼引起妳的興趣？要讓妳的性生活充滿情趣，妳必須先承認妳的好奇心。不妨先嘗試一下，有時重點熱情與換個不同的新角度對她一樣容易。看色情圖片。妳對它們的感覺如何？與女伴一起分享，挑起話題並確定她對新事物的接受度。形像的描述刺激常被忽略而又極有強烈需求的性器官──精神。

挑逗是一種輕淡的趣味。嬉戲地為伴侶脫掉衣服。渴望會造成妳匆忙行事。讓她匆匆一瞥，卻又不將一切美景一次或太久地展示。期待使人坐立難安。

出乎預料引起類似於性興奮的侷促。將妳的陰毛修成心形、星形、降落跑道，或將她名字的首字母標示此點，或甚至在妳的下唇上完全裸露，或一言不發拉著她的手，將它放在妳剛修剪的陰戶上，而刮毛或被刮亦可成為性愛前戲的一種趣味類型。

最佳幻想暗含可能性。這是真的，即使妳的幻想是現實中妳不可能做出的事。跨過幻想得到性興奮的好處，是當妳發現並思索之前自身隱藏或未開發的一面時，額外得到且常為意外、智慧、心情及精神的反應。妳可透過與女伴分享幻想，或將其完全埋在心裡，以使自己的性生活充滿趣味。放任自己思維的簡單動作，讓自己想像自己；可嘗試認為異常或不同之方式；刺激妳的潛能享受較完整的性愛。

妳是否幻想過一次與兩個女人在一起？和新朋友約會並邀她參加三角關係。二十隻手指、兩個舌頭及三個陰戶的刺激並不平行。

角色扮演使我們放鬆抑制，在情侶間發展較深的信任之情與親密度。它可自發產生或經由改造。嘗試女神與奴隸、受害者與救難女主角，或放蕩的妓女與貞潔的處女。另有天然的女孩與吸引男人的城市女性──瑪麗安與金傑爾，或為長久流行的女主人與她的法國女僕。

當慾火需要激發時，不可低估浪漫與吸引的力量。浪漫與荷爾蒙後葉催產素及後葉加壓素有關，它們產生我們由自然刺激物多巴胺與血清素取得的快感。用花、寫著詩的卡片、蠟燭，及細緻的觸摸點燃她的愛火，以向女伴表示她的特別。以特等的海綿浴接待她。

在性愛時，妳是否通常膽小與安靜？今晚，大聲叫出來。還在穿那些舊式的袋褲、保守的長袍，絨毛拖鞋，或長運動褲？穿上工具帶，看它是否能浮起她的船。穿上性感的睡衣讓她感到意外。讓自己的魅力無法擋。為她噴上奢華的香水。營造一個前所未有的場合。加上一雙性感的高跟鞋，使妳的雙腿形狀特別。高跟鞋亦提供額外刺激的重要成份。

她是否總在「上面」。今晚徹底地控制她的上身、下身，且轉換並非總是關乎自我，而是關於完全控制或順從之角色產生的信任與能力。掌握及強暴她，或暫時讓自己完全屈從。此種感覺新鮮而絕妙。

在非典型的表面表現性感可提升愛情。在她坐於洗衣機上展開雙腿等待轉圈期間時，到她的下體去，寫便條給她告訴她五分鐘後在車後座會面，播放妳最喜愛的汽車音樂，享受駕車的樂趣。

道具——即使是簡單的假髮、珠寶或指甲花紋——能增加樂趣，故充分地準備輔具。氣氛亦十分重要。即使妳及女伴是唯一觀眾，透過佈置妳的表演舞臺，妳可增強對相互取悅有多重要的認識。首先，切忌過度嚴肅。實現並保持穩定創新與動態的愛情生活是件棘手的事，但最重要的是要讓自己與女伴享受過程。

變態性行為係指進行特別的性慾及行為較不正常的性愛。在進行涉及戀物、奴役、服從、控制、順從、虐待狂行為的性行為，對每個人的引誘各不相同。面對禁忌極為刺激，而實施私情或脅迫可使我們更強勢，且在面對性禁忌及我們生活中過於含蓄的其他方面，則讓我們變得較為自由。

變態性行為

首先需要信心方可發現何種特殊方式
適合妳。最初可經歷與變換各種情
侶，但固定伴侶具有彼此熟悉情侶
身體與反應之益處，且將較瞭解情侶
的偏好，凡此種種將帶來和諧滿足之
性愛。當女人對其性慾日漸滿意且變
得較為開放、膽大，且願克服之前被
她們視為禁忌之事時，她們可清楚地
意識且最終展示何事可讓她們真正動
情，從而邁入最令人滿足之性愛。

戀物癖常符合審美學。若妳對網路性
愛、廚具、於車後座亂塗，或用打眼
錐做性愛前戲，妳應探索此些傾向，
因最深層之性與個人之滿足可讓妳享
受此些禁忌的樂趣，或許穿孔是妳的
習慣。牽引、吮吸、擰，並將自己在
穿於她的舌頭、乳頭、肚臍、性器或
陰唇上的橫條。穿孔增強性刺激，並
代表時尚的宣示。

據稱力量最為催情，此或與性感之幸福較有直接的關連，不過亦等同於支配。多數BDSM（束縛、支配、順從及受虐狂）行為與力量轉換有關。許多支配者喜愛此種扮演角色帶來之明顯虛飾的做法。順眾者可自每日職責中獲取一些解脫，或以其忍耐度試探支配者並讓其留下印象。他們亦沈浸於角色帶來的快樂，此刺激與實現深度慾望一樣單純。在用力拍打漂亮女友裸露臂部教訓她時，將手變成杯狀，以取得最佳聲音效果。髮梳與木勺亦可傳遞妳的訊息，傳統服飾如皮胸衣、長統膠靴可增加氣氛並提升我們進入角色的能力。

對於多數人而言，性慾與性別係在鐘形曲線上，而非僅在光譜之一端或另一端。穿異性服裝及性別轉換以探尋自身男性與女性的雙重性。女對女的口交極能引起異常之性慾，而吮吸其綁著的假陰莖與觀看一樣有趣。此取決於口交者，但若接受者同時使用振動器於口交同時對自己的陰蒂進行連續的刺激，則接受者較易於高潮。或綁上假陰莖撐開妳的陰蒂，以乳頭性交，此與口交一樣，沈溺在女伴美麗的乳溝中，此種狂野的性行為使接受者之陰蒂得到特別的體驗。

性慾是人類意識中一種強大的力量，且應得到同等之尊重。苦樂皆可釋放振奮精神之腦內啡。造成少許痛苦，並不意謂著造成傷害，此種怪念頭並不適合每個人。保持安全、理智、兩廂情願、並尊重已確立之信任及默契之界線，及經過商討與認可之安全用語。適時尋求關於道具與技巧的專業諮詢。隨著妳持續縱情於發展中的性慾，自豪地帶著古怪的標示，因今天妳找到做此事的新方法。

陰戶的力量可使人畏縮。它吸引並激發各類行為、渴望、幻想與神話。陰戶（pussy）之詞源歷史不可考，但其使用至少已有100年，作為娛樂界極出名之雙關語，表示任何柔軟、多毛、溫順或不溫順，無論是貓、陰戶或一種叫褪色柳的植物，即會跳入腦裡（英文的pussy有多種含義）。

陰戶

陰戶的基本部份以陰戶開始，它是指
女性的整體外部性器。在陰道前庭
兩側為兩片陰唇，即小陰唇與大陰
唇。小陰唇為大陰唇內兩片柔軟的皮
套，它是拉丁語，意謂緊密適宜的保
護罩，是連接子宮頸與子宮的內部結
構或通道。此肌肉管道一般約4英吋
長，其前四分之三部份對性刺激最為
敏感。

在陰道內側前端是女人極敏感的尿道或會陰海綿體，一般被稱作G點。此塊突出的組織（實際並非一個點）在得到適當刺激時可使某些女人產生極強烈的高潮。G點之名取自德國醫生Earnest Grafenberg，他於1950年寫到此部位，儘管他並非第一個做此事之人，因承認G點之存在可追溯至古代中國其他典籍。

許多年來，醫療典籍或多或少將陰戶描寫成一個小腫塊，其功能與內部甚少得到承認。事實上，陰蒂是一個可勃起之器官，除單一功能似乎僅用於提供性歡愉與放鬆，陰蒂極類似會陰。陰蒂可用多種方法及不同力度刺激，以滿足女人的個人慾望。

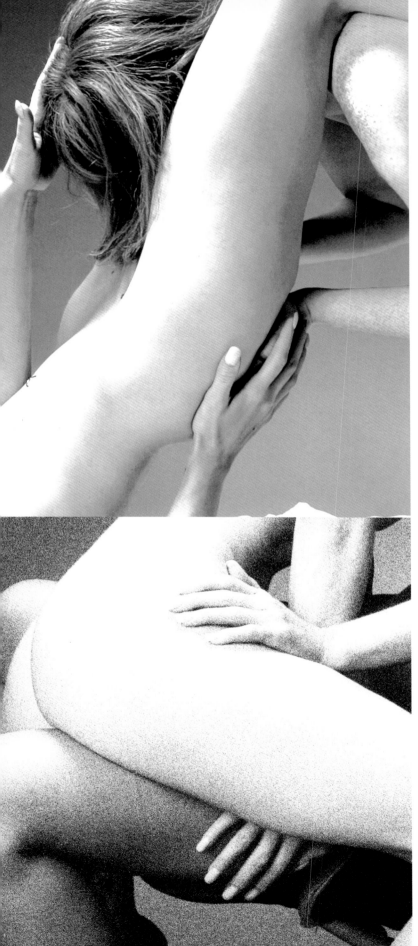

新手可透過在淋浴中用手指對肛門的觸摸來熟悉受到忽略與誤解的肛門。探索並測試肛門周圍不同區域的反應。此處插入的深度並非關鍵,與陰蒂及陰唇一樣,當興奮時,血液充滿處處眾多的神經末梢,興奮的肛門周圍在期待進一步的注意力中增大。

肛交的基礎是潤滑、衛生、放鬆及步調。無論興奮到何種程度,肛門不會自行潤滑,故要購買合適的潤滑劑,並大量地使用。無論使用手指、舌頭、假陰莖、臀塞或是肛珠,依膨脹允許的節奏緩慢插入。始終與伴侶溝通,若不安或不適超過快感,若造成傷害,請及時停止。若第一次嘗試不適,可改變姿勢,從後面對一個女人可能較好,而另一個則可能較喜歡在她的背部上或側面。

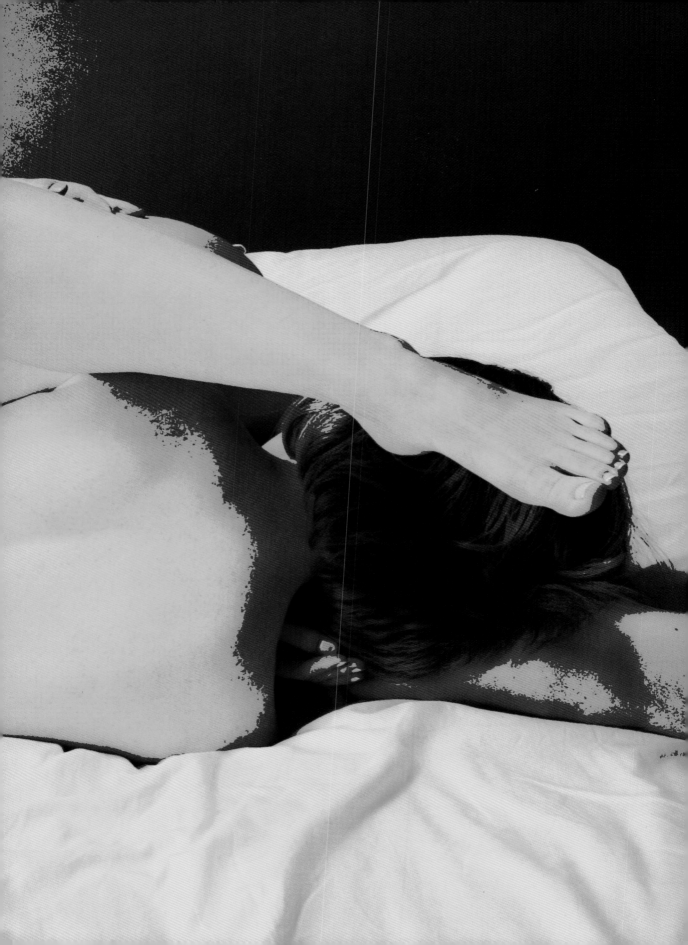

至少在四個小時前，使用灌水器或灌腸劑徹底清洗準備肛交的部位。安全性愛指南包括使用乳膠手套、在假陰莖裝上避孕套，且在舔或用舌探入直腸、肛門及肛道時，最好有乳膠屏障以防止排泄靠近陰道，並保持臀部潔淨。

G點可透過肛交得到刺激，且許多女人相信最終的快感及高潮與陰道G點的體驗迥異。熟練的女伴亦能在前戲及肛交的同時注意陰道地帶，混合的獨特刺激將為女伴帶來特別驚人的放鬆。

潑濺

情色的食物遊戲是一種探索佐料與食物性吸引的活動。潑濺字面上的含義為發出潑水聲的動作，但對於知識豐富的人，潑濺描繪了一種極為頹廢的食物遊戲樂趣的類型。伴侶透過潑濺使自己變得粘濕、光滑及特別的美味。

潑濺性愛的「受害者」將她的孔雀尾拋到風中，為了擦她的身體，讓伴侶將她弄髒。這是一種禁忌的刺激，它超過童年時在別人最好的衣服上踐踏汙泥的記憶。

以首次一起購買食物延長期待。妳將在全新的燈光裡觀看食物的展示。想像伴侶將溫暖粘滯的麥粥擦在妳的皮膚上。在緩慢將鮮桃餡餅自其大腿內側舔去的時候，體驗它結合陰道自然花蜜的美味感覺。

在打開食物的包裝時，打開罐口，用蜜棒沾一滴蜜相互滿足。用特製的輕榨優質橄欖油蓋住她的全身，接著爬到她的上半身，並將自己壓在她光滑的身體上。

潑濺可能在一個晚上熱情洋溢，而另一晚則出現溫順、戲弄，專注於體驗的情況。

因此取決於對潑濺性愛的自製力，若因避免滑倒、髒亂，性愛可在廚房地板或甚至在浴盆內進行。橡膠紙可透過對潑濺持友善態度的零售商購得。建議

潑濺僅在平面上進行，且最好不要加入食物，因此可能造成各種感染。依據菜單、心情，食物與佐料可透過擠瓶、滴眼液、畫筆或甚至是桶進行使用。將冰凍的巧克力布丁滴在她的乳頭上。並在啜食其乳房其剩餘布丁之前，用手指沾一滴品嚐，插入她的口裡讓她嘗試。將楓蜜或溫莓醬倒在她的身體，並用額外的時間舔去她背側的美味。

用生乳油在她的全身打出泡沫，以期得到高度負荷之抹與擦的雙重刺激。液態鮮乳油可單獨享用，或放在濕軟的凝膠、巧克力漿、或其他甜美的混合甜點上。特別推薦生乳油作為即興時裝秀或扭抱之性前戲的服裝。

對於有創造力的伴侶，飯後酒無需純粹的酒杯。自她的臍眼上含一口優質葡萄酒，接著隨沈渣提至她的中腹。第二天早晨，在餐桌旁將果醬而非小鬆餅敷在妳的裸乳上，讓她驚喜。此種令人大開眼界的小遊戲或讓妳們兩人上班遲到，但妳會面帶笑容去上班。

此些美麗的腺已經被提升到文化成見的程度。多數是因心、胸被認為是情感的中心，它們哺奶的特徵使乳房被崇拜為生育的象徵。

乳房

乳房代表完美的女性性特徵。它們的尺寸、形狀、乳暈的顏色及敏感度差別甚大。我們傾向於愛慕完美身姿最能展示的豐滿與匹配的乳房，這是一個很難達到的美容標準，即使最自信最美麗的女人也需要加強。因乳房無論自信而豔麗，或是較小，女人皆敏感地意識到此身體部位，及許多力量的含意與它們相關──如同往日，乳頭及陰道是一種誘惑，可讓女伴知道妳對她獨特的乳房充滿著多少愛意。

乳房是一個奇妙的性感帶，下次撫摸自己的乳房時會有在城區周圍拉小提琴的感覺。可學習一些技巧，在她身上使用之前，先在自己的身上嘗試。在前戲期間，用妳的手指包住、撫弄、遊走，在移到下體之前，她的身體配合妳的觸摸及親吻。

乳房無論是天生，或人工增大，其表面可能最敏感，故儘管特大的乳房似乎需要較強的對待，開始時要使用輕柔的撫摸，慢慢至其乳頭。若她喜歡撫弄乳房，她的乳頭會硬起。在前戲強烈時，意外的擠壓會產生大量的驚奇。

乳頭亦可吮及拽。妳可使用乳頭夾、衣夾或髮夾。若她的乳頭有穿孔，附在乳房的小鈴鐺產生特別而奇妙的做愛。此些乳房輔具亦鼓勵手及口對高度敏感身體的其他部位進行探索。

於做愛期間，充分發揮創造力，記住要回到乳房，因它們不僅僅是前戲的場地。在伸手撫摸乳房時用愛液滋潤她的乳頭，同時移至她的下面，此性愛動作被稱作「動臂裝卸機」。在性愛過程中，撫弄自己的乳房或乳頭。她不可能一次顧及所有部位。一種使伴侶雙方得到超大的興奮是用妳的乳房撫摸她誘人身體的其他部位。對於高度推薦的「捏及打褶」技巧，包住妳的乳房，並壓入她興奮濕潤的陰戶。

她抓住我的手，並在她的乳房上撫摸。我感覺她的乳頭自棉T恤突出，我不自覺地用整個手掌撫摸她立起的乳頭；輕輕地自我的指尖沿手指向下，對著手的外沿，並回到手掌中心。她微笑地看著我，接著協助我脫下她的襯衫。

沒錯，女同志確實有性交。她們在兩人之間有很好的性交，時間長、力度大、快樂而且體驗一切。性交是一個奇妙的辭彙，毫不費力地以名詞、動詞、形容詞、感歎詞、副詞或表示訝異、慾望、生氣、欺騙及突出或解釋兩人之間一切事物的含義，在世界範圍內得到廣泛使用。

性交

性交一詞至少已有500年的歷史，但對於該詞的語源存在爭議。它可能源自德語、拉丁語或中世紀英語。都市傳説取「非法的肉體知識」（for unlawful carnal knowledge）首字母的縮略詞，假設張貼於受懲罰者圍欄之上，或「國王批准下的通姦」（fornication under consent of the king）的首字母，張貼於許可的妓院，被視做歷史上的胡扯。就其演化的含義而言，性交在18世紀被定義為藝瀆及注定永遠要挑戰審查制度之前，已被某些文化接受。性交是世界上最出名、翻譯最多、應用最多及最有爭議的辭彙。

性交一般表示以某種方式插入，如性交流行為。許多女同志喜歡非性交快感，而多數亦開始嘗試某些形式的性交。做愛有許多動作，而性交最主要在於分享體驗，身體在性感快樂的節奏中使力，一起興奮、閃耀、彎曲、搖擺及搏動。

在做愛中插入伴侶的刺激在身心上令人振奮。讓伴侶插入是女人能給予對方最親密的慰藉之一。

接著感覺不凡的力量插入伴侶，使力一遍又一遍地向她展示；妳多想讓她到達顫抖快感的頂點。插入時，注視著她的眼睛，並開始尋找節奏，插進抽出，直至兩人皆滿足。

對於性愛，女同志主要使用她們的雙手、舌頭嘴唇，再輔以振動器、假陰莖及其他性玩具。作為少女的妙處是妳可以選擇陰莖的大小。對不同情緒、性愛類型加以分類，無論是肛交、口交或陰道的性交。

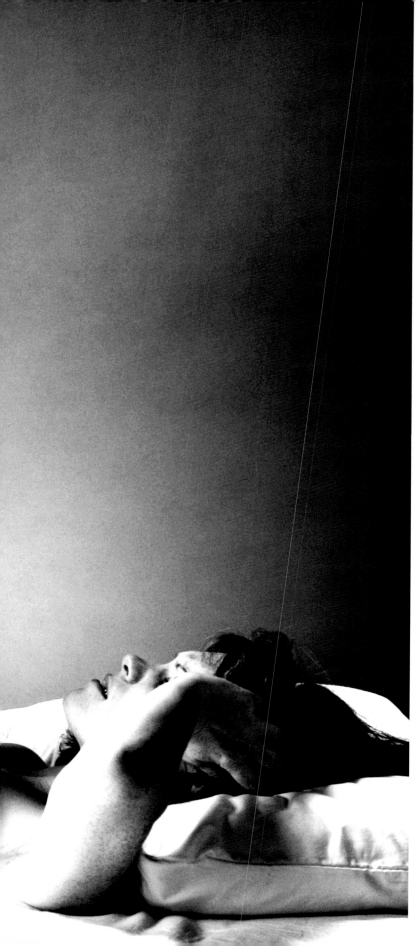

不同的姿勢將以獨特的方式刺激我們。請看下例：

香子蘭：對於此種傳統的傳教士體位，雙腿分開，平放或雙膝彎至胸前。最好加上細微的變化如一條腿伸長擱在肩上，或雙腿抱著情侶。

最佳表演：被動的一方四肢伸長，讓伴侶自後方插入。

側位：亦是側向的性愛，自後插入。

上位：跨坐或蹲伏於伴侶上面，讓上位者選擇插入的速度與深度。在性愛期間，上位者亦可使用磨的動作，以使她的陰蒂與伴侶摩擦。

站位：背靠著牆做愛，一條腿抬高便於插入。

土星光環：女人可同時互插。兩人坐著，面對面近乎擁抱，陰戶急速向前，彎腿互繞。兩人前後移動她們的骨盆，使對方的手指插入抽出陰道。若使用假陰莖，先潤滑，再插入兩人的陰道，依需要保持性玩具穩定直至進入快速移動的節奏，接著一起以橢圓形運動相互轉動骨盆。

美妙的性愛即是要找到對雙方最合適的一切。它亦有助於健康與柔韌性，但掌握不同的姿勢及成為一名高手需要嘗試的意願即可，學習及實踐時保持幽默，且技巧能使愛綿綿不盡。

女性興奮通常最顯著特徵是強烈快感及內啡呔上升，陰道、直腸與（或）子宮不自覺有節律地收縮，有些還伴隨洩液。對於每次性行為，高潮收縮的強度、持續時間及身體的膨脹各異。每個女人每次實現高潮皆有差異。女人能感覺不同的高潮類型，並可經歷包含陰道、陰蒂、直腸及G點的高潮。插入結合直接、穩定的陰蒂刺激常將她引至最終結局。

高潮

長久以來，隨著女性性視野的擴展，她們的主要性器官亦產生了變化，變得較長較大，及對性滿足需求的接受較為敏感。陰蒂頭有超過8000個神經纖維，是人類皮膚任何神經最密集的部位，因而成為主要的性感帶。

G點位於陰道壁前沿，約三分之一處，在尿道口的周圍，當受刺激時會增大，並最終導致釋放獨特的液體或射尿，有些女人則依序射出。有些女人僅有幾滴，而有些則如泉水湧出，熟練的女人可真正將她們的精液，一種獨特的化學成份，射出幾英呎遠，但女性射精並非始終與G點有關或伴隨高潮而來。

肛門與陰道之間的壁很薄，故G點亦可自肛門插入點得到刺激。理想的位置與角度因人而異，但一致的是刺激G點，堅實的壓力是不可或缺的。有節律地壓陰道上壁，接著下拉以敲擊的動作使此神奇小球的力量激活起來。

除高潮之後能延後興奮時間外，對於女人，高潮之間的恢復時間極短或不存在。她或脹大且敏感，但若注意力無法持續直接放在陰蒂上，通常能繼續做愛。並非所有女人皆喜歡相同程度的刺激，因或者一個女人感覺美好的而另一女人或感覺不適甚至痛苦。

儘管性器刺激是邁向高潮最普遍的途徑，例如有些女人可透過對乳頭持續的刺激得到高潮，但我們高潮的能力多停留在思維上。

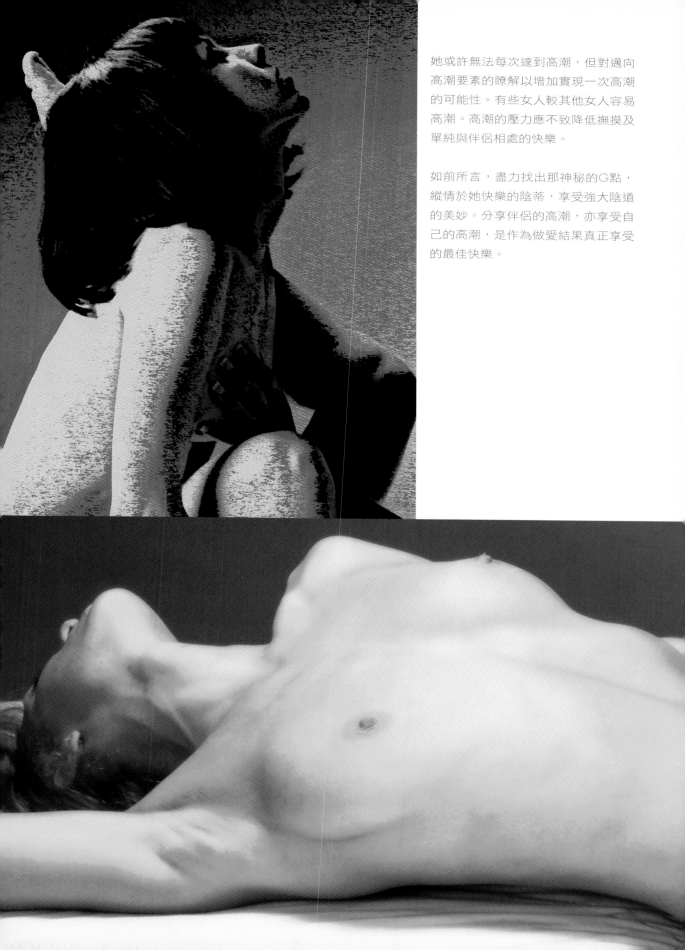

她或許無法每次達到高潮，但對邁向高潮要素的瞭解以增加實現一次高潮的可能性。有些女人較其他女人容易高潮。高潮的壓力應不致降低撫摸及單純與伴侶相處的快樂。

如前所言，盡力找出那神秘的G點，縱情於她快樂的陰蒂，享受強大陰道的美妙。分享伴侶的高潮，亦享受自己的高潮，是作為做愛結果真正享受的最佳快樂。

附
錄

附錄

維持一個健康的性生活。在每一次的性交活動中,要注意安全、清潔、真誠坦率,並是在雙方同意下才進行的。為了你自己的健康,你可以拜訪婦科單位和一般的醫療照顧與心理諮商,並追求一個合宜且高水準的行為,尤其在相關的性疾病傳播下。

現在有許多可靠的網站、市面販售的書籍和教學資源,可供你輕鬆取得相關資訊。所以你有責任要去了解這些資訊,並善加利用這些資源。

參考書目

Annie Sprinkle: Post-Porn Modernist, Annie Sprinkle (Cleis Press, 1998).

The Clitoral Truth: The Secret World at Your Fingertips, Rebecca Chalker (Seven Stories Press, 2000).

Exhibitionism for the Shy, Carol Queen (Down There Press, 1995).

Femalia, edited by Joani Blank (Down There Press, 1993).

Good Vibrations: The New Complete Guide to Vibrators, Joani Blank and Ann Whidden.

A Guide Tour of the Collected Works of C.G. Jung, Robert H.Hopcke (Random House, 1989).

The Hite Report: A Nationwide Study of Female Sexuality, Shere Hite (Dell, 1976).

My Secret Garden: Women's Sexual Fantasies, Nancy Friday (Pocket, 1998).

On Our Backs Guide to Lesbian Sex, edited by Diana Cage (Alyson Books, 2004).

Our Bodies, Ourselves for the New Century, The Boston Women's Health Collective (Touchstone, 1999).

"Plump Up the Volume,"Vicky Koren *(Daytona Beach News-Journal,* Oct. 11 2005).

The Psychology of Kundalini Yoga: Notes of the Seminar Given in 1932, Carl Gustav Jung, edited by Sonu Shamdasani (Princeton University Press, 1999).

Re-Making Love: The Feminization of Sex, Barbara Ehrenreich, Elizabeth Hess and Gloria Jacobs (Anchor, 1986).

Sex for One: The Joy of Selfloving, Betty Dodson (Crown, 1996).

Sex Toys 101: A Playfully Uninhibited Guide, Rachel Venning & Claire Cavanah (Fireside 2003).

Sexual Behavior of the Human Female, Alfred Charles Kinsey (WB Saunders, 1953, reprinted 1998).

Skin:Talking About Sex, Class & Literature, Dorothy Allison (Firebrnad Books, 1994)

Susie Bright's Sexual Reality: A Virtual Sex World Reader, Susie Bright (Cleis Press, 1992).

Three Essays on the Theory of Sexuality, Sigmund Freud (1905)

The Ultimate Guide to Anal Sex for Women, Tristan Taormino (Cleis Press, 1997).

The Whole Lesbian Sex Book, Felice Newman (Cleis Press, 1999).

Why We Love: The Nature and Chemistry of Romantic Love, Helen Fisher (Henry Holt, 2004).